CRISTIANA DRAGOMIR

Retragere în camera obscură: o experiență mistică plină de lumină

SELF PUBLISHING

www. self-publishing. ro

Tehnoredactare: Simona Bănică

Descrierea CIP a Bibliotecii Naționale a României
DRAGOMIR, CRISTIANA
    Retragere în camera obscură: o experiență mistică plină de lumină / Cristiana Dragomir. –
Bucureşti: Self Publishing, 2014
    ISBN 978-606-8601-12-0
29

Redactarea şi corectura textului aparțin autorului.
Platforma editorială Self Publishing nu îşi asumă
răspunderea pentru punctul de vedere al autorului.

Self Publishing România este o platformă online dedicată
publicării, tipăririi, promovării şi distribuției naționale şi
internaționale a cărților autorilor români.
Orice autor care publică la Self Publishing îşi poate vedea
cartea în librării în 30 de zile şi mai puțin.
Intră pe site şi publică-ți cartea sau scrie-ne pe adresa
office@self-publishing. ro
www. self-publishing. ro

COMENZI PENTRU CITITORI, LIBRĂRII, BIBLIOTECI,
DEPOZITE DE CARTE
comenzi@self-publishing. ro

tel. 0740 530 111

CUPRINS

MULŢUMIRI

Mulţumiri din inimă tuturor Maeştrilor care mi-au îndrumat şi vegheat calea spirituală, le sunt profund recunoscătoare pentru darurile şi iubirea lor nesfârşită. Mă simt cel mai norocos copil al lui Dumnezeu pentru că am alături astfel de fiinţe ce m-au ajutat să-mi descopăr Maestrul Interior.

Mulţumiri speciale Maestrei Jasmuheen pentru toate învăţăturile, darurile şi munca Ei la nivel global şi universal. Mi-a dat o perspectivă nouă şi plină de bucurie asupra Vieţii, iar datorită Ei mi-am recăpătat bucuria de a trăi!

Mulţumesc, mulţumesc, mulţumesc!

Cristiana Dragomir

Capitolul 1

LOCURI REZERVATE

Când am aflat despre Retragerea în camera obscură m-am simţit imediat chemată să merg acolo. Ştiam că distanţa este mare şi rezervările făcute cu un an înainte, dar ceva îmi spunea că trebuie să ajung neîntârziat şi că am toate porţile deschise pentru a merge. Îmi cunoşteam Maestra, lucrasem alături de ea de atâtea ori în decursul vizitelor în România şi telepatic, mă ghidase adesea în momente de restrişte cu răspunsuri simple şi clare, deci nu aveam niciun dubiu că ACOLO trebuie să fiu. În plan logic, mental, nu avem încă nicio soluţie, dar m-am înscris, încrezătoare.

Mi s-a răspuns că nu sunt locuri... Fără nicio tresărire am zâmbit şi mi-am spus: „Dacă trebuie să ajung, vor fi!". Apoi nu m-am mai gândit la asta...

Capitolul 2

GRĂDINA RAIULUI

Peste câteva luni am primit mesajul că s-au eliberat câteva locuri din cauză că oamenii erau ingrijorați legat de finalul lui 2012 și s-au mai retras. Astfel, aveam drumul deschis și în martie m-am pornit spre Thailanda.

Inima îmi cânta de bucurie și, odată ajunsă, am simțit că am ajuns in Rai: un centru de vindecare specializat in terapie holistică, întins pe cativa kilometri, cu grădini și culturi proprii, bio, din care se hrăneau toți cei prezenți, cu peisaje paradisiace și o energie de vis... În mijlocul său, sala amenajată special pentru retragere, capitonată pentru izolare fonică și pregătita special astfel încât niciun fir de lumină să nu pătrundă înăuntru.

O bucurie puternica mă încânta din momentul în care am ajuns acolo: era ca și cum ajunsesem acasă, într-un loc familiar și foarte drag: energia locului era foarte similară cu cea a satului în care îmi petreceam vacanțele de vară în copilărie, simțeam să zburd încontinuu și să cant printre copaci.

În prima zi m-am plimbat prin grădini meditând, am inspirat aerul proaspăt și încărcat de prana, m-am jucat cu bucuria unui copil în leagăne şi printre flori. Totul acolo parcă era pregătit pentru relaxarea, încântarea şi odihna mea. Venisem după o perioadă aglomerată, dificilă, plină de teste şi învăţături, iar sufletul meu căuta odihna, ca în convalescenţă. Abia aşteptam să înceapă training-ul, căci stiam ca mă aşteaptă zece zile de tăcere, meditaţie, întuneric şi... odihnă! Din experienţa antrenamentelor de acasă, eram cât de cât familiarizată cu acest gen de activitate şi îi cunoşteam darurile de odihnă şi linişte sufletească, plus pacea minţii care vine odata ce toţi stimulii exteriori ai simţurilor au încetat pentru ea: căci odată ce mintea nu mai este „bombardată" cu imagini, sunete, idei noi şi informaţie energetica provenită din alimentele procesate de corp, are timp sa se odihnească, să proceseze şi să trieze informaţiile deja primite în decursul vieţii, să aducă la suprafaţă aspecte din subonştient care erau îngropate sub noianul de gânduri noi ce apar in fiecare zi şi... multe altele. Aşadar, o astfel de retragere – făcută periodic – poate avea, între altele, rolul unei „curăţenii generale" pentru minte şi unui adevărat balsam de odihnă pentru suflet.

Camera in care fusesem cazata era confortabilă, aranjată în stil asiatic şi respectând principiile Feng Shui care de altfel erau prezente in fiecare detaliu al complexului. Deşi nu era opulentă, se simţea atenţia specială acordată utilităţii, calităţii şi confortului. Peste tot domnea un parfum straniu, al florilor din grădini amestecat cu uleiurile de masaj ce se foloseau pretutindeni în clădire şi cu un iz fin de citrice, foarte incântător, ce am aflat ulterior ca provenea de la nişte odorizante impotriva ţânţarilor. Pentru mine, acela a ramas mirosul specific zonei şi îl inhalez cu drag de câte ori am ocazia să îl reîntâlnesc.

Spre seară am avut ocazia să îmi intălnesc Maestra: sosise in spaţiul amenajat pentru retragere şi se ocupa de ultimele pregătiri pentru a doua zi, cu atenţie şi iubire, astfel încât toată lumea să fie bine cazată, să aibă toate cele necesare şi să se asigure că au privit cu atenţie camerele înainte de stingerea luminilor. Emana o pace profunda şi o iubire strălucitoare şi m-a îmbrăţişat cu căldură maternă, deşi nu ştiu dacă îşi mai amintea discuţiile pe care le avusese cu mine online şi nu numai. Ceva îmi spune că, intuitiv, sufletele noastre se recunosc imediat ce întâlensc iar al meu tresare de fiecare dată de bucurie, ca pentru un co-echipier mult-iubit...

Capitolul 3

ÎNCEPUTUL

Prima seară a trecut frumos, într-o discutie scurtă cu tot grupul (eram aproximativ 45 de persoane), în care ne-a explicat pașii de bază și indrumările necesare pentru perioada training-ului. Am fost sfatuiți sa devenim „Maeștrii Zen ai pastei de dinți", căci precizia întuneric trebuia să mearga păna într-acolo incât sa simti exact câtă pastă sa pui pe periuță, fără să poți vedea și fără sa... pipăi. Abia in timp ce vorbea, mi-am dat cu adevărat seama ce va implica, din punct de vedere al disciplinei interioare, acest training pentru mine: camera mea era la etaj, într-un spațiu aflat în întuneric complet, pe un coridor cu mai multe cotituri, pe care se aflau încă alte zece camere.

Toate activitățile cu Maestra noastră urmau sa se desfășoare la parter, într-o sală amenajată special cu saltele de meditație, scaune, dozatoare cu apă, mese pentru distribuirea sucurilor de fructe ce aveau să sosească pentru mic-dejun, prânz și cină etc. Printre toate acestea, trebuia să îmi găsesc locul, intuitiv, fără sa ocup salteaua altcuiva, fără să mă așez pe alt rând și fără să mă lovesc de alți oameni sau de obiectele din încăpere, căci cel mai mic zgomot mi-ar fi deranjat colegii aflaţi în meditaţie. De asemenea, am realizat, ascultând-o, că în cameră va trebui sa am o ordine perfectă şi să am imaginea exactă a fiecărui loc şi obiect, întipărită pe retină timp de zece zile, cât le voi utiliza în întuneric. Totul trebuia aşezat în cel mai potrivit loc, încât să fie uşor de găsit şi să nu îmi stea în cale când ma deplasam prin cameră. De asemenea, urma să dobândesc „măiestria spălatului pe întuneric" şi a tuturor celorlalte activităţi pe care le făceam „cu nonşalanta" aproape, fără a realiza ce dar minunat este vederea... Un val de compasiune şi respect m-a cuprins pentru toţi cei care nu au acest dar...

Ni s-a explicat că în decursul celor zece zile vom fi hrăniţi din particulele cosmice ale Iubirii Universale, prin meditaţie, exercitii fizice şi mentale, reprogramarea câmpurilor energetice şi construirea unui bio-sistem care să poată absorbi şi apoi radia în exterior cat mai multă Prana (Chi, Lumină, Energia Vieţii), iar pentru cei ce aveau să aleagă să consume şi hrană „din exterior", erau asigurate trei mese pe zi, compuse din sucuri de fructe sau legume bio, preparate în cadrul centrului terapeutic în care ne aflam.

Îmi tresălta inima de bucurie şi nerăbdare să încep această experienţă pe care o simţeam a fi profund eliberatoare şi vindecătoare pentru mine.

Astfel, după instructajul iniţial, ne-am dus la culcare încrezători, nu înainte de a ne bucura de „ultima masă" cu hrană fizică, într-o sală plină de bunătăţi pe care aş numi-o Raiul Vegetarienilor. Părea că toată mâncarea mea preferată fusese adunată într-un loc şi pusă la dispoziţia mea, ca un ultim test în acea seară. Știam că de a doua zi nu voi mai avea acces la ea și, deși fusesem obișnuită sa țin post negru în anumite zile, combinat cu practici similare celor din Retreat, acum copilul meu interior era bucuros că i s-au pus la dispoziție atâtea bunătăți înainte de inițierea pranică.

Quan Yin, într-o statuetă impunătoare, prezida sala de mese asigurându-mă subtil de dărnicia Ei nelimitată. I-am mulțumit, recunoscătoare, căci semnele erau clare iar inima mea nu putea decât să cânte de bucuria generozității cu care eram intâmpinată.

Când am ajuns în cameră am constatat ca deja spoturile luminoase erau „decorate" cu banda neagră pentru a izola lumina iar tot ce îmi rămânea de făcut era să mă retrag liniștită, după duș, în lumea interioară și apoi in lumea viselor... M-am bucurat că avusesem ocazia să imi ordonez lucrurile și începeam să mă integrez încet-încet, cu fiecare mișcare, în spațiul magic al întunericului cald, primitor, odihnitor și parfumat, creat pentru odihna minții mele.

Capitolul 4

ACORDAJE, PE ÎNTUNERIC

A doua zi, trezirea s-a petrecut natural, puţin înainte de sunetul cald al bolului tibetan care ne chema în sala de meditaţii. Am făcut duşul şi celelalte activităţi pe întuneric, amuzată în sinea mea şi felicitându-mă sau admonestându-mă la fiecare mişcare, căci poate fi plină de „capcane" o astfel de experienţă dacă lucrurile sunt facute în grabă. Dar cum cheia întregii poveşti erau relaxarea şi calmul, descoperirea Maestrului Interior care ştie şi vede tot, m-am hotărât rapid să fac toate activităţile din această intenţie interioară, astfel încât să îmi fie cât mai uşor să mă armonizez cu noua situaţie...

Totul a fost bine şi tocmai mă „băteam pe umăr" satisfăcută până am iesit pe hol, unde trebuia să îmi găsesc drumul în jos pe scări pâna spre sala de meditaţie. Ei... aici i-aici! Simţul meu de orientare, pe lumină, este unul din cele mai bizare, „strigător la cer", ar zice unii, căci dacă sunt concetrată in alte planuri sau, pur şi simplu, neatentă, risc să mă rătăcesc şi în zone pe care le-am mai străbătut de multe ori. Singurul lucru care funcţionează fără greş e un fel de GPS interior, pe care încă n-am învăţat însă să îl folosesc cu măiestrie in toate situațiile, căci dacă nu sunt relaxată și acordata nu dă rezultate sau poate fi bruiat. Prin urmare, e lesne de imaginat ce înseamnă asta pentru mine... în întuneric!!!

Odată iesită pe ușa cmerei, a inceput aventura: îmi aminteam, totuși, că direcția de pornire e spre dreapta și că sunt baloane agățate la fiecare cotitură a holului, pentru a marca traseul (prin compasiunea și măiestria organizatorilor). Asta m-a ajutat păna la un punct, deși nu mai eram sigură câte cotituri sunt... Așa că am decis să „go with de flow", să merg cu valul, căci in față și în spate erau valuri de alți „bâjbâitori" ce încercau să iși găsească drumul, ca și mine. Îmi dau seama că pentru o persoană stresată sau nervoasă acesta ar fi un mare prilej de panică și simțeam că sunt persoane în jurul meu care aveau un disconfort real în situația dată, dar, pentru mine, m-am decis să o transform rapid într-un prilej de amuzament și experimentare a capacităților intuitive. În acel moment parcă totul a devenit mai ușor și am început să simt cu ușurință ghidarea spre direcția in care trebuia să mă îndrept, iar in cele din urmă am reușit să ajung la scări și apoi în sală.

Vocea Maestrei m-a invaluit ca un premiu drag – „How are you feeling?" – ne-a mangâiat ea, intuind mârâielile de disconfort și chicotelile de amuzament din sufletele noastre. Ne-a explicat apoi cu iubire despre importanța acordării la energia grupului, care se țesea între noi pentru a ne armoniza unii cu alții și, pe toți, cu timpul și spațiul în care ne aflam. Căci odată lipsiți de repere exterioare cum sunt imaginile locului in care te afli (pentru spațiu) și privirea ceasului (pentru timp), un alt gen de repere trebuie căutate

şi se pot găsi doar în interior, prin centrare şi acordare in-
tuitivă. Urmând intuiţia şi fiind centrat şi calm, puteai fi cu
uşurinţă ghidat de Sinele Interior dar şi de energia grupu-
lui astfel încât să ştii cu precizie când e momentul să te
trezeşti (pentru cei care au reuşit să doarmă), când se
apropie masa (pentru cei ce au ales să mănânce) şi dacă
este sau nu momentul potrivit sa părăseşti sala şi să te re-
tragi în cameră după meditaţiile şi exerciţiile zilnice, sau e
mai bine să ramâi în energia sălii pentru a continua mai
profund meditaţia şi a primi daruri noi prin aprofundarea
ei. Toate acestea şi multe altele aveau sa faca parte din
acordajul fiecăruia dintre noi şi, cu cât permiteam mai
mult ca acest acordaj să se petreacă, cu atât puteam bene-
ficia mai mult de contactul cu ceea ce Ea numeşte „The
Zen Master Within" – Maestrul Zen din interiorul nostru.
Am aflat ca acest Maestru Zen interior are capacitatea de
a intui când va fi chemat la meditaţie, care vor fi cele mai
potrivite haine pentru ziua în curs (fără a şti dinainte exer-
ciţiile ce urmau a fi făcute), când să meargă la duş şi când
şi dacă să consume sau nu hrană fizică (suc).

De asemenea, aveam să devenim Maeştrii Zen ai paşi-
lor fără zgomot, ai deplasării printre obiecte nevăzute – în
deplină armonie – şi ai meditaţiei profunde, neabătute,
chiar şi când alături de noi se răstoarnă o întreagă ladă cu
recipiente metalice pentru suc (imaginaţi-vă zgomotul!);
şi ai altor aspecte legate de capacitatea concentrării pro-
funde în interior şi intuirii ghidării de acolo. Căci din
afară, evident, nu aveam să primim niciun reper... Toate
acestea, aparent banale, s-au dovedit a fi un mare antre-
nament de dezvoltare a capacităţilor intuitive şi chiar

mediumice, căci stabilirea armoniei era strâns legată de puterea de a te lăsa dus de valul de energie ce curgea prin întreg spațiul și prin dinamica grupului, stabilind ritmuri clare și emițând semnale concrete către fiecare dintre noi pentru a ne pune in sintonie.

Dupa ce am fost puși în temă cu aspectele de bază ale activităților ce aveau să se desfășoare, am aflat că există, de asemenea, o Divinitate a Grupului, un spirit ce ghidează tot acel grup ce a decis să parcurgă inițierea pranică. I-am adresat, de fiecare dată, rugamintea ca totul să se reveleze armonios pentru fiecare dintre noi în meditații și în discuțiile libere, și în fiecare zi am putut simți, într-adevăr, că orice nelămurire își primea răspunsul imediat ce era emisă, ca și cum aș fi stat in brațele unei mame iubitoare și foarte intuitive care era pregatită și dispusă să îmi dea toate soluțiile pentru ceea ce ceream. Niciodată, pe parcursul vieții mele, nu mai avusesem acel sentiment, de a avea permanent ușile cerurilor deschise și disponibilitate totală de a mi se răspunde la toate cerințele și de a fi ajutată. Copilul meu interior se simțea ocrotit și mulțumit, în sfârșit ascultat și înțeles, bucuros și cu brațele pline de darurile primite!Acest sentiment avea să persiste în mine pentru multe luni și îl rechem de câte ori simt că în planul fizic lucrurile ar putea merge mai bine de atât... Căci știu că, pe un anumit nivel, sunt permanent ocrotită, profund înțeleasă, profund iubită și permanent hrănită, la fel ca în pântecul unei mame iubitoare.

E stranie dar de înțeles asocierea între camera obscură și pântecul natal: chiar energia creata trasmitea, prin senzațiile de confort amintite mai sus, sentimentul de a te afla într-o etapa de transformare atât de puternică încât putea fi asociată cu o a doua naştere. Căci dincolo de starea de confort şi protecţie pe care o aveam stând în relaxare profundă în întuneric, în timp ce hrana şi toate cele necesare îmi erau dăruite fără ca eu să fac niciun efort (căci orice efort sau activitate ar fi fost inutilă într-un astfel de cadru), exista permanent senzaţia de restructurare interioară, de deconstruire şi reconstruire a tuturor aspectelor fiinţei mele, ca şi cum un burete venea să şteargă vechile tipare – de gândire, de lucru şi chiar energetice – fiind poi îndemnată să rescriu altele noi, în armonie cu noile energii şi paradigme de pe planetă.

Începeam, aflându-mă acolo, să îi înţeleg din ce în ce mai bine pe călugării care au ales să se retraga în munti: departe de provocările vieţii cotidiene, spiritualitate capăta nuanţe noi, mult mai puternice, căci nu mai există nimic în exterior pe care să te concentrezi sau care să te distragă: întors în tine, eşti ferit de aspectele conflictuale ce pot apărea în relaţie cu ceilalţi, ferit de nevoia de A FACE şi profund cufundat în A FI... Darurile Esentei noastre Divine se reveleaza şi curg în planul fizic atunci când suntem pregătiţi să predăm frâiele existenţei noastre mărunte către o sursă de înţelepciune şi putere mai mare şi mai prietenoasă decât umila noastră cunoaştere sau inteligenţă. De acolo primim toate răspunsurile şi soluţiile şi se pare că noul joc pe planetă – în special pentru cei care au lucrat îndelung în plan spiritual cu sentimentul că „au căpătat putere" sau că „ei fac" sau „ei ajută" – este să ne lăsăm ghidaţi, hrăniţi şi instruiţi de aceasta Sursă perfectă a tuturor răspunsurilor. Căci numai în dialog cu Sinele nostru Divin și total predați acțiunii Lui măiestrite putem continua jocul supraviețuirii în acest plan...

Capitolul 5

TIMPUL UNIVERSAL – DIN NOU, ACORDAJE

Exerciţiile au început, în timp ce, ca prin vis, timpul se scurgea tiptil, pe lângă noi, aproape fără să îl mai percepem. Căci unul dintre beneficiile cele mai interesante ale unei astfel de experienţe este acordarea la un sistem de convieţuire care exclude raportarea la timp în modul în care ne-am obişnuit. În viaţa cotidiană, ceasul este un „prieten" nelipsit, alarma telefonului este cea care dă tonul activităţilor noastre, iar absenţa acestora ne condiţionează la a fi total debusolaţi, fără a mai putea respecta ritmurile sociale în care suntem angrenaţi. Există, totuşi, în noi un barometru intuitiv, care atunci când suntem foarte liniştiţi şi relaxaţi, ne acordează pe un ritm subtil ce poate fi perceput şi care ne indică momentele ptrivite pentru toate activităţile noastre.

Odată accesata această zonă de acordare, putem avea surpriza ca SIMŢIM EXACT când să oprim o anumită activitate pentru a ne îmbrăca şi a pleca la o întâlnire (ceasul poate doar să ne confirme), că simţim cu precizie când trebuie să incheiem o sedinţă terapeutică sau un workshop (fără a ne ghida după ora telefonului) şi că simţim clar când e cazul să începem o activitate pentru a o încheia, în timp util, înainte de vizita neaşteptată a unui prieten.

Maestra Jasmuheen recomandă, pentru o mai bună acordare a cestui simţ, comanda „Temporizare perfectă", care să fie permanent generată în câmpul nostru energetic, şi în special când avem nevoie să fim siguri că ajungem la timp la o întâlnire la care în mod firesc, conform timpului liniar, am fi întârziat...

În camera obscură, acest acordaj devenise pentru mine o sursă de amuzament şi mirare continuă, nefiind obişnu-ită, înainte, cu o asemenea precizie a sincronizării tempo-rale: constatam că mă ridic din pat pentru a face duş exact cu câteva minute înainte de a fi chemaţi în sala de lucru, şi foloseam, fără a cuantifica în vreun fel, exact timpul potri-vit pentru a mă spăla sau îmbrăca. Simţeam, ca la o co-mandă neştiută, exact momentul potrivit pentru a reveni dintr-o meditaţie sau călătorie profundă, pentru a fi ime-diat chemată la vreuna dintre activităţile colective. Acest antrenament începea să-mi placă din ce în ce mai mult, să mă încânte precizia cu care eram ghidată.

O astfel de experienţă îmi demostra, practic, ce în-seamnă a fi acordat la un puls mai profund al Universului, care se exprimă prin toate fiinţele şi care dă tonul tuturor acţiunilor. Din acea zonă de unitate cu pulsul universal, toate aspectele sunt percepute pe un nivel mai amplu, ca şi cum corpul nu mai reprezintă o delimitare, o individuali-zare a Expresiei Divine care suntem. El este atunci simţit, dar la fel de concret pot fi percepute senzaţiile sau gându-rile celorlalte persoane, ca şi cum te-ai afla ŞI ÎN ele (şi chiar aşa şi este...). De asemenea, ritmurile (aparent exterioare) sunt simţite ca fiind parte din tine sau ca fiind tu o parte din ele, fără delimitări. Această universalitate a propriei fiinţe îmi este greu de explicat, de transpus în cuvinte, dar sper ca în curând să găsesc mijloace mai clare de a o exprima...

Capitolul 6

FANTEZII... CULINARE

Faţeta mai putin distractivă a acestui aspect, atunci când te afli în camera obscură (şi nu numai) cu peste patruzeci de oameni care nu mănâncă, este că aproape toţi au fantezii cu mâncare! Dacă în primele zile entuziasmul şi încrederea mea în capacitatea de a menţine ritmul alimentaţiei **doar cu prana** erau de neclintit, pe măsură ce zilele au trecut şi doriţa colectivă de a mânca hrană fizică a crescut, acest antuziasm părea să se dininueze. Mă refer la a avea o stare de mulţumire generală, fizică, emoţională şi mentală, cu privire la faptul că nu consum hrană fizică. Analizându-mi sistemul, am constatat că, deşi corpul emoţional era chiar încântat că face această pauză de hrană fizica, totuşi corpul mental se lupta încă cu o convingere colectivă de genul „Dacă nu mănânci, slăbeşti" sau, şi mai profund, „Dacă nu mănânci, mori".

Astfel, deşi aveam perfectă încredere în sistemul pranic şi deşi simţeam efectiv cum prana curge prin mine şi ma hrăneşte şi fortifică în timpul exerciţiilor speciale pe care le făceam, touşi valul acestor convingeri colective pe care la simţeam plutind în peste 50% din grup dar şi în

23

propriile celule îmi crea disconfort şi, uneori, senzaţie de foame sau slăbiciune. Nu reuşeam să găsesc cheia prin care să mă „debranşez" de la mentalul grupului, unde vedeam plutind arome de hamburger (nu am avut de ani de zile tendinţa spre un astfel de aliment şi, de altfel, mi-au displăcut chiar şi în perioada în care încă nu devenisem vegetariană!), brănzeturi de toate tipurile, oua ochiuri şi alte asemenea. Vedeam plutind prin faţa mea sau chiar pe papilele gustative, alimente pe care nu le-aş fi consumat în veci, pofte pe care le identificam clar ca nefiind ale corpului mei şi care, totuşi, uneori tindeau să mă copleşească. Era ca şi cum, fiecare, la un anumit moment, devenea un bucătar chef iscusit, rulând în minte reţete, care mai de care mai savuroase... într-o întâlnire în care mâncarea era exclusă!

Eu, personal, nu aveam o poftă anume, dar îmi lipsea, paradoxal, bucuria de a merge la market şi A CUMPĂRA mancare! Da, fără să am o ţintă fixă despre ce aş vrea să mănânc, mă bucură, chiar şi acum, faptul de a cumpăra mâncare din supermarket, fără a mă limita, bunătăţi pe care, odată ajunsă acasă, nu ştiu cum să le împart căci sunt conştientă că nu le pot mânca toate singură. Am învăţat să gestionez acest apect, făcând „exerciţii de cumpătare" – de conştientizare a necesităţii reale de hrană fizică (din ce în ce mai mică, de altfel) – şi realizând că tendinţa provine, probabil, dintr-o experienţă anterioară în care eu sau cineva cunoscut a fost privat de hrană. Probabil că următorul pas va fi, când voi trece exclusiv pe hrană pranică, dacă doresc să păstrez această bucurie a marketului, să fac periodic cumpărături culinare pe care să le dăruiesc (dublă bucurie!). Abia aştept!

În Darkroom însă, aspectul a putut fi rezolvat doar printr-un dialog permanent cu Sinele şi corpurile mele, întrebând pe fiercare dacă şi câtă nevoie are de hrană fizică. Acest sistem de testare se face cu „testul respiraţiei", pe care l-am predat apoi în toate workshop-urile mele, căci s-a dovedit de o acurateţe fantastică. Nu îl voi detalia aici, ca să nu mă abat de la temă, dar vă pot spune pe larg că orice informaţie provenită din corpul nostru sau dinafara poate fi verificată şi cuantificată procentual (prin întrebări de genul „Corpul meu fizic este hrănit cu prană în proporţie de... x%"). Respiraţia noastră ne dă întotdeauna răspunsurile corecte, provenite de la Sinele nostru Divin, scutindu-ne astfel de multe activităţi inutile sau chiar dăunătoare.

Odată verificat şi confirmat faptul că eu sunt hrănita şi că sistemul meu se află în condiţii bune, puteam alege liniştită să ignor cu încredere toate celelalte semnale provenite din exterior (dorinţe colective) sau din memoria celulară, menţinând intenţia că pentru acel moment decid să fiu hranită doar cu prana şi suc de fructe şi să îmi mentin toate sistemele în echilibru în acest fel.

Capitolul 7

IN AND OUT – CĂLĂTORII

Odată stopate informaţiile din exterior – provenite din discuţiile permanente cu ceilalţi, din media pe care le consultăm (Internet, televziune etc.), sau din alimentele pe care le consumăm, care, şi ele, sunt o permanentă sursă de informaţie pentru organism, deoarece conţin energie iar energia este informaţie – începem să primim din ce în ce mai multe informaţii din interior, din subconştient, iniţial, apoi de la Sinele nostru. Pentru mine, acest fapt era îndelung testat şi totuşi a ajuns să fie surprinzător cât de multe imagini şi perspective noi pot apărea doar prin simpla decizie de a stopa, pentru o vreme, contactul cu afluxul nesfârşit de imagini externe...

Mă afundam, pe tăcute, înauntrul fiinţei mele într-o stare de odihnă şi desfătare, chicotind interior de bucuria de a fi... doar cu mine. Retrasă pe un divan în camera mare şi spaţioasă, într-un întuneric deplin şi odinitor, mă desfatam cu plăcerea de a... călători. Îmi lăsam corpul, liniştit, să se odihnească, iar prin faţa „ochilor interiori" începeau să se desfăşoare peisaje cosmice de o frumuseţe şi o linişte incredibile! Căci, odată pătrunsă în universurile interioare, liniştea, liniştea deplină şi odihnitoare, este cea care mă delectează cel mai mult. Să simt respiraţia cum aproape încetează, amintindu-mi doar din când în când să menţin contactul cu planul fizic printr-o noua gură de aer, să simt mintea cum se resoarbe într-un spaţiu vast, gol, perfect nemişcat, ca o plutire în cosmos... aah, ce binecuvântare! În această star, totul se petrece natural, respiraţia sau retenţia sunt comandate de ceva ce eu nu mai trebuie să controlez, simt cum tot sistemul meu işi predă funcţiile către o Fiinţă mult mai inteligentă şi mai iubitoare decât mintea mea conştientă, o Fiinţă vastă, nelimitată, multifaţetată, care în fiecare plan şi univers joacă câte un rol şi totuşi NU ESTE niciunul dintre rolurile jucate... O Fiinţă care se extinde din centrul inimii mele prin toate universurile şi prin toate planurile existenţei şi care îmi revelează, în meditaţie, câte un aspect al Ei în funcţie de ce doresc, poate, să experimentez în acea perioadă sau zi... Sunt profund îndrăgostită de această Fiinţă, de această Regină-Rege a Universurilor, şi ador să o privesc revelându-mi-se cu fiecare clipă de linişte...

Dar să vă spun cum am cunoscut-o:

Eram la finalul unei meditaţii ce a avut loc în sala de lucru, cu întreg grupul şi toată lumea încă plutea între... lumi. M-am întins pe salteaua de meditaţie,căci încă nu simţeam să revin în planul fizic, şi mi-am continuat călătoria cosmică, lăsând Fiinţa mea să zburde în universuri. Am simţit că mă înalţ încă şi mai sus, mergând şi mai profund în inima spaţiului nesfârşit, până ce imagini mai definite au început să se contureze. M-am văzut atunci într-un aspect al meu regal, ca o fiinţă feminină de mare strălucire, al cărei corp era compus din vidul universal in care pluteau stele strălucitoare, împodobindu-mă. Puteam identifica forma unei rochii cosmice alcatuită dintrr-un noian de stele ce impodobea corpul meu, iar tâmplele îmi erau, şi ele, împodobite cu stele strălucitoare.

Vedeam că mi se pregăteşte un tron alcătuit dintr-un noian de stele feerice, pe care am fost invitată să mă aşez. Pe tâmple mi se aşeza o coroană din cele mai strălucitoare stele ale universului pe care îl priveam.

Deasupra mea se deschidea un portal, ca un vortex cosmic de lumini roşii şi albastre, în care mă simţeam chemată să urc, iar toată fiinţa mea, inclusiv cea fizică, părea să pluteacă, din ce în ce mai uşoară. Privind spre deschiderea portalului, mă simţeam înălţată uşor, când deodată persoana de lânga mine a început să mă cheme insistent, in planul fizic, întrebându-mă dacă vreau să merg să iau suc de fructe. Îi auzeam cuvintele şi îi simţeam strângerea uşoară de mână, dar atenţia mea era menţinută în celălalt plan, în atât de îmbietoarea mea călătorie, dorind să parcurg portalul în care eram invitată.

Făceam eforturi, în ciuda insistenţelor colegului meu, să rămân ancorată în meditaţie, deşi imaginile începeau să se suprapuna peste realitatea planului fizic şi să pălească... Simţeam o usoară iritare că nu sunt lăsată să continuu dar nu aveam puterea de a vorbi, de a reveni cu totul acolo să îi spun că doresc sa fiu lăsată să continuu. În cele din urmă, realitatea cosmică s-a desprins uşor din conştiinţa mea, şi am revenit treptat cu atenţia în planul fizic, dar plutind încă pe valuri de stele...

Mai târziu, după ce toată lumea a terminat „masa" cu sucuri, m-am retras lângă balustrada balconului din fața camerei mele, încercând să-mi recompun călătoria, să mă întorc unde mă oprisem. Deasupra mea, acum, vedeam, in roșu și albastru, formându-se catenele unui lanț ADN, ce pornea din ființa mea și se ridica înspre cosmos, nesfârșit. Nu i-am urmat drumul până sus, l-am urmărit, doar, cu privirea, cu sentimentul unei transformări de proporții ce se petrecea chiar atunci în mine.

Capitolul 8

ÎN INIMĂ

Un aspect care mă frământa cu mult înainte de a decide să merg la Darkroom* era cel referitor la menținerea unei vibrații înalte, a frecvenței energetice în care te simți bine, în mijlocul unei mulțimi de oameni sau în prezența persoanelor cere nu împărtășesc același stil de viață și pe care, uneori, le percepeam pe frecvențe mai dense. Viața mea devenise dificilă din punctul ăsta de vedere, căci cu cât îmi făceam mai des exercițiile și practicile spirituale, cu atât deveneam mai sensibilă la vibrațiile celor din jur, fără a ști însă să modulez câmpul astfel încât să ne fie bine tuturor.

Cu alte cuvinte, de câte ori ieșeam în lume (și, ca organizator de evenimente, mi se cam cerea să fac asta, întâlninu-mă și cu peste doua sute de persoane simultan), cu atât mi se părea mai dificil de supraviețuit în planul fizic, căci simțeam durerile, suferințele și uneori chiar gândurile mai puțin armonioase ale celorlalți, un timp după ce întâlnirile se încheiau. Ba, mai mult, dacă nu eram atentă, ajungeam să experimentez chiar fragmente din viața celor cu care mă întâlneam – cele neplacute, din păcate – ca un transfer de responsabilități pe care se pare ca îl făceam benevol, dar inconștient... Cu această dilemă am venit la Darkroom, hotărâtă să găsesc un răspuns, orice ar fi, căci simțeam că viața mea nu mai poate continua astfel.

Și încă din primele zile, Maestra mea a început să vorbească despre radianță, despre modul de a ne hrăni dinăuntru înafară, pe verticală, nu pe orizontală. La început, aceste concepte, deși le mai citisem și credeam că le cunoșteam, îmi păreau totuși abstracte la nivel de practică, căci nu le aplicasem cu adevărat, în ciuda anilor de exerciții de tot felul care să ducă la acest deziderat.

Am înțeles, atunci și acolo, și am simțit, că era vorba în primul rând de gradul de Iubire pe care putem să îl emanăm. Am simțit și înțeles că această iubire este cea care cheamă în noi și mai multă iubire din planurile superioare (din Univers, de la Dumnezeu, sau cum dorește fiecare să asimileze conceptul), că în momentul în care vibrația iubirii crește în noi, prin deschiderea inimii și menținerea intenției de a ne afla permanent într-o stare iubitoare, atunci, prin rezonanță, și mai multă iubire se revarsă asupra noastră și afară din noi, făcând ca intreg câmpul nostru energetic să se modifice și să se fortifice, nemaiavând nevoie să absoarbă din exterior, la întâmplare, vibrațiile energetice cu care intră în contact, ca apoi să le transmute prin ore intense de lucru energetic. Am simțit și înțeles că noi absorbim acele energii dintr-o nevoie de hrană, de obicei emoțională sau mentală, și că cel mai rapid „transfer" se face în momentul în care emitem judecăți cu privire la cei din jur.

Nu am ştiut, la vremea respectivă – deşi mi s-a explicat – cum să fac să opresc aceste judecăţi, aceste păreri pe care mintea le emitea despre fiecare persoană pe care o întâlneam (nu neapărat rele, dar care cu siguranţă limitau persoana din faţa mea să se manifeste la un nivel de percepţie pe care eu îl aveam).

Am înţeles mai târziu, tot prin meditaţie şi exerciţiile de modificare a vibraţiei, că acest lucru e posibil în primul rând prin menţinerea intenţiei de a-i privi pe toţi ceilalţi ca suflete: dincolo de rolurile pe care le joacă în viaţa asta sau în conjunctura în care se află faţă de noi, putem privi direct sufletul fiinţei din faţa noastră, conştienţi că ceea ce vedem în plan fizic e numai o faţetă, un aspect minor, oricând schimbabil, al fiinţei lui. Privind cu această intenţie, am observat că dau sufletului posibilitatea de a se manifesta la un nivel mai înalt, dincolo chiar de limitările pe care persoana din faţa mea credea că le are (căci şi ea, de obicei, se raportează la ea însăşi prin prisma unui rol uman, limitându-se astfel la acea partitură, fără a vedea toată simfonia pe care sufletul ei ar putea-o manifesta).

Am observat că oamenii, odată priviţi astfel, începeau să se comporte dintr-o dată mai calm, mai armonios, începeau chiar să strălucească, să li se lumineze ochii, căci prin puterea atenţiei şi inteţiei mele sufletul era adus în prim-plan, era chemat „la apel", să strălucească printre voalurile care îl acopereau şi care alcătuiau personalitatea şi corpurile energetice ale fiinţei din faţa mea (şi asta e valabil pentru oricine, nu e ceva ce doar eu pot face – e modul ideal de a relaţiona între noi, ca fiinţe).

Căci toate neplăcerile apar când noi ne raportăm unii la ceilalți prin prisma așteptărilor sau percepțiilor anterioare pe care le-am avut unii despre alții. În esență, însă, ficare întâlnire este unică, iar o persoană repetă un tipar comportamental sau energetic doar atâta vreme cât noi îl ținem „blocat" în acel tipar, prin percepția noastră sau prin ceea ce emitem. Dar în momentul în care percepția se mută de la caracteristicile umane ale persoanei (fie ele bunătate sau grosolănie, dărnicie sau avariție extremă), la aspectul său divin (de ființă spirituală nelimitată venită temporar într-un corp fizic, jucând un rol dintr-un șir nesfârșit de roluri posibile), atunci aspectul pe care ne focusăm, acela se manifestă! Conform vechiului proverb taoist „Aspectul pe care ne concentrăm atenția, acela crește", interacțiunea noastră cu oamenii și cu orice câmpuri energetice poate fi mai armonioasă sau mai dificilă în funcție de zona noastră de focus...

Astfel, aspectul cu care eu intram în contact, sufletul, care este pur și perfect în fiecare ființă, nu mă mai putea impacta energetic într-un mod care să nu-mi fie benefic, dimpotrivă, schimburile dintre mine și cei pe care îi întâlnesc devin, astfel, un prilej de bucurie, de împărtășire armonioasă, din care și eu și ei plecăm încântați...

Doar câteva cuvinte ale Maestrei mele au fost deajuns ca să sădească în mine această percepție, dar apoi menținerea intenției și practica au făcut ca ea să poată fi adusă la lumină astfel încât să o pot și experimenta, nu doar înțelege la nivel mental. Mi-a spus, zâmbind, în seara de după încheierea training-ului, în timp ce stăteam cu toții pe terasa minunată a sălii de mese: „Nu-i așa că e bine SĂ

VEZI cu adevărat oamenii? „... În acel moment, am simţit cum sădeşte în inima mea acest dar, am putut simţi oamenii aşa cum ea îmi transmitea, dar abia acum, după multe luni, am dobândit capacitatea de a pune în practică acea iniţiere...

Capitolul 9

RADINANŢA

Tot ceea ce Jasmuheen ne transmitea, în esenţă, era ca
noi să ajungem să radiem Iubire în câmpurile exterioare,
suficient de mult cât sa ne simţim permanent hrăniţi şi
fericiţi şi încăt ceilalţi să fie instantaneu înălţaţi în frec-
venţa iubirii pe care noi o menţinem. Toată arta armoniză-
rii câmpurilor are la bază acest deziderat. Prin menţinerea
permanentă a atenţiei şi centrării în spaţiul inimii, prin
acordarea respiraţiei astfel încât sa ne armonizăm perma-
nent fluxurile mentale, prin deschiderea către câmpul uni-
versal de iubire care se revarsă permanent către noi, putem
deveni capabili de a absorbi şi radia încontinuu această
energie pură şi perfectă care să ne hranească pe noi şi să
armonizeze câmpurile spaţiului în care ne aflăm, fie că
este vorba de camera, oraşul, ţara sau planeta, galaxia sau
sistemul galactic din care facem parte etc. Căci pe măsură
ce câmpul şi nivelul nostru de percepţie se extind, şi spa-
ţiul pe care îl înglobăm şi impactăm este din ce în ce mai
mare...

Procesul – aveam să constat – are succes numai dacă,
în primul rând, avem iubire şi înţelegere şi respect faţă de

noi înşine... Ceea ce se tot repetă referitor la iubirea de sine – ca piatră de hotar în dăruirea şi primirea de iubire către şi de la ceilalţi – este profund adevărat şi imperios necesar pentru a manifesta procesul de radianţă din inimă. O inimă închisă – a unei fiinţe chinuite de gînduri de vinovăţie, de subapreciere, de orice alt sentiment ce manifestă lipsă de iubire faţă de noi înşine, de lipsă de dăruire faţă de fiinţa noastră umană sau de lipsă de încredere în aspectul nostru divin – nu poate capta şi radia Iubirea de care noi şi această planetă avem atâta nevoie.

Cum aveam să constat, primul pas era să respect şi să onorez toate aspectele fiinţei mele, cu respect pentru ceea ce a fost creat şi manifestat prin mine de Dumnezeu. Să accept şi să onorez corpul meu fizic – pe care îl chinuisem cu posturi lungi şi diete de detoxifiere drastice, care, deşi m-au ajutat mult în anumite aspecte spirituale, au creat ceva dezechilibre fizice, căci fuseseră duse peste limita de discernamânt – să accept şi să utilizez armonios corpul meu mental – care, deşi un intrument puternic şi fiabil, putea fi o armă devastatoare dacă era utilizat incorect – să onorez şi să hrănesc armonios corpul meu emoţional, îndelung blamat în tendinţele spirituale, considerat „prea uman" pentru a fi luat în seamă.

Toate acestea şi multe altele au trebuit să fie revizuite şi recalibrate pentru ca inima să poată capta frecvenţa înaltă de iubire care se revarsă permanent înspre noi. Oricare din aceste aspecte, odată neglijat, duce la închiderea fiinţei noastre, căci neglijându-ne şi neonorându-ne pe noi înşine, cum am putea accepta şi primi o creaţie mai grandioasă a lui Dumnezeu, Iubirea Universală din care și noi am fost creați ?

Norocul era că chiar atunci și acolo primeam exact intrumentele necesare pentru a putea armoniza această situație. Căci, zilnic, corpul fizic învăța exerciții noi sau noi moduri de abordare a celor pe care le cunoșteam, corpul emoțional era desfătat cu muzică divină, relaxantă, plină de ritmuri duioase, care parcă îmi mângăiau permanent ființa, iar corpul mental avea ocazia să se odihnească în meditații lungi, iar când se „punea în funcțiune" era alimentat cu informații de calitate, sisteme de deprogramare și reprogramare fiabile și imagini mentale îmbucurătoare, despre posibilitățile creării unui nou mod de manifestare pe Pământ. Astfel, simțeam cu întreg sistemul se recalibrează, se deschide, se armonizează, convingeri menținute ani de-a rândul cădeau acum sub lumina puternică a conștientizării, aducând zâmbete dar parcă și o stupoare că m-am putut păcăli pentru atât de mult timp... Simțeam că în sfârșit mă pot ACCEPTA acolo unde sunt, așa cum sunt, fără nevoia de a pune sau scoate aspecte din ființa mea, că sunt ceea ce trebuie să fiu pentru acel moment, cu posibilități nelimitate de a manifesta oricând un alt aspect, un alt comportament, dacă trebuie – dar fără a forța... Simțeam că devin LIBERĂ.

Și din acea forță a libertății, începeam să primesc în mine, pic cu pic, ca apoi să devină șuvoi, o energie caldă, blândă, mângâietoare, maternă, duioasă, sursă a tuturor darurilor, ca în brațele unei mame profund iubitoare – energia Iubirii divine. Simțeam, pentru prima oară, că nu e nimic care să cer și să nu merit sau să nu primesc. Toate

37

rugămințile primeau răspuns și rezolvare instant și mi se părea că întreg cadrul este creat pentru mine, ca eu să primesc rezolvarea tuturor aspectelor pentru care am venit sau pe care le ceream. Mă simțeam în sfârșit iubită, acceptată, adorată pe deplin, pentru că eu începeam, în sfârșit să ma iubesc, să mă accept și chiar să mă ador în toate aspectele ființei mele. Și nu dintr-o perspectivă narcisistă sau egoistă, ci cu respectul și adorația pe care înepeam să le resimt față de orice Creație Divină...

Capitolul 10

MAESTRA

Întâmpinam fiecare zi scăldați în căldura vocii Maestrei noastre. De dimineață, eram chemați la meditație de clinchetul gongului tibetan micuț, pe care ni-l prezentase, surâzând, la începutul training-ului, spunându-ne că este varianta „pentru fete" a gongului imens pe care Maestrul Mantak Chia îl folosea în Darkroom Retreat, în aceeași sală. Valuri de iubire pură curgeau lin din prezența ei, în timp ce ne adunam, somnoroși și uneori morocănoși, la prima oră a zilei. În câteva minute, vocea cristalină, emanând bunăvoință, înțelegere și iubire, reușea să armonizeze câmpurile energetice ale tuturor celor prezenți, aducându-ne imediat zâmbetul pe buze, în caz că cineva s-ar fi trezit înfometat sau ușor frustrat de lipsa hranei fizice cu care era obișnuit.

Trebuie să recunosc că și eu am pățit-o și că în anumite dimineți sau după-amiezi resimțeam o ușoară tensiune în corp datorată lipsei hranei fizice. Era ca și cum întreg corpul pulsa acum cu o intensitate mai mare, un surplus de Yang îmi curgea prin sistem, debordând uneori. Aveam senzația ciudată de a fi goală pe dinăuntru (la propriu!) și parcă... lipsea ceva... Era foarte bine să simt că toată energia se stochează, nemaifiind consumată în procesul digestiei care de obicei îmi dădea somnolenţă, dar era straniu să mă desprind brusc de deprinderea de a extrage energie din alimentele din corp. Era ca şi cum sistemul, dezorientat puţin, căuta, în primă fază, hrana acolo unde era obişnuit să o găsească – în stomac – ca apoi să-şi amintească bruc de sursa mai sigură şi nesfârşită pe care o avea... deasupra capului. După scurtul moment de „dezorientare", se replia, centrându-se în meditaţie, şi începea să extragă prin chakra coroanei, ca şi cum am bea cu paiul, lumina care apoi îmi curgea în celule. Atunci corpul se liniştea, împăcat, şi treceam într-o odihnă şi relaxare, nemaidorind nimic...

Alteori, procesul părea mai dificil, mă confruntam cu tot felul de imagini şi gusturi care îmi invadau sistemul, fie obişnuinţe mai vechi, fie dorinţe ale celor din jur, cu care empatizam. Atunci apărea o sâcâială, o stare de uşoară iritare, căci copilul interior se revolta. Alungam uşor tendinţa emoţională, plimbându-mă, mental, prin grădina de afară şi absorbind cu plăcere parfumul florilor, lumina soarelui, feeria imaginilor, hrănindu-mă cu aceste bucurii pe care sufletul meu le aprecia mai mult decât hrana fizică. Reveneam apoi în spaţiul camerei mele, reîmprospătată, parcă îmbăiată în lumină şi în forţa regeneratoare a elementelor naturii.

Într-o zi am deschis geamul camerei, care era foarte bine izolată la exterior printr-un perete care bloca lumina astfel încăt să nu fim deranjaţi dacă alegeam să ţinem ochii deschişi. Am fost atunci îmbăiată în sunetele perfecte ale grădinii, care foşnea şi ciripea vesel, ajutându-mă să vizualizez cu mai multă uşurinţă peisajul mirific ce mă aştepta afară: vedeam copacii groşi şi înalţi, cu ale lor coroane luxuriante, verde-stralucitor, hrănindu-ne cu energia lor plină de sevă şi „gustoasă", amestec de pământ reavăn şi lemn sănătos, mustind de viaţă. Simţeam pământul aburind de rouă, acoperit de iarba suculentă, răspândindu-şi parfumul hrănitor în tot spaţiul şi în toată fiinţa mea, caldura şi focul blând şi iubitor al soarelui cum mă mângâiau, umplându-mi celulele de cea mai pură lumină aurie, iar aerul parfumat mă mângâia, îmi gâdila nările, mustind de prană pură, sănătoasă, curată.

Toate acestea îmi umpleau şi hrăneau fiinţa, doar printr-o simplă plimbare mentală pe-afară, ca apoi să „mă întorc" în cameră, satisfăcută, bucuroasă, la fel de încântată ca şi când aş fi fost afară şi cu corpul meu fizic. Căci s-a constatat că în corpul fizic nu se simte diferenţa între o acţiune reală şi imaginea ei mentală puternică: el reacţionează la imaginea mentală la fel de intens ca şi când ar fi fost impactat real. Totul depinde de forţa şi hotărârea cu care sugestiile mentale îi sunt transmise...

Astfel, ziua începea cu exerciţii fizice uşoare, Maestra ne ghida mental şi verbal în lecţii de yoga stretching, astfel încât în corpul nostru energiile stagnante de peste noapte să înceapă să circule armonios iar canalele să se deschidă şi mai mult pentru primirea Hranei Divine. Am învăţat primii paşi ai Surâsului interior taoist, astfel încât fiecare organ era salutat şi îmbăiat în lumina conştiiţei noastre la primele ore ale dimineţii, răspunzând cu bucurie şi cu zâmbete la salut. Căci, conform tradiţiei taoiste, fiecare organ este guvernat de un spirit ce face parte din

Spiritul Universal (Dumnezeu) şi fiecare spirit răspunde atenţiei şi surâsului nostru, atunci când alte emoţii nefaste sunt alungate de lumina concentrării noastre interioare.

Am învăţat, în exerciţiile de dimineaţă, importanţa şi efectul uimitor al mângâierilor şi recunoştinţei aduse corpului: picioarele, gambele, pulpele, bazinul, abdomenul, spatele, pieptul, braţele, gâtul şi capul, fiecare primea, prin palmele mele radiind de lumină, mângâiere şi recunoştinţă, dublate de aprecierea pentru activitatea lor perfectă, pentru faptul că totul în corp acţionează armonios, de la sine. Corpul reacţiona plăcut, înflorind de bucurie sub palmele mele, căci niciodată nu i se acordase recunoştinţa cuvenită, iar singurele mângâieri pe care i le-am dat eu însămi au fost prin aplicare, in fugă şi neatentă, a loţiunilor de corp, în timp ce gândul îmi zbura cine ştie unde.

Acum, însă, învăţam să fiu prezentă în centru palmelor mele şi în inima mea, să picur de acolo iubire şi recunoaştinţă pentru tot corpul meu, să mă bucur de el şi să îl bucur cu iubirea mea revărsată în mângâiere. Toate acestea mă deschideau şi mai mult spre a primi Iubirea ce se revărsa ca hrană, căci odată intrată pe frecvenţa iubirii, atrăgeam, prin rezonanţă, mai mult din vibraţia dominantă pe care o emiteam.

Vocea Mestrei Jasmuheen ne ghida în toate acestea, ajutându-ne să vedem şi să simţim pe propria piele importanţa de a acorda atenţie şi îngrijire corpului nostru fizic, astfel încât el să menţină canalele deschise pentru receptarea energiei care ne hrăneşte şi ne vindecă...

Capitolul 11

PARADISUL PE PĂMÂNT

Pe măsură ce zilele treceau, ne apropiam tot mai mult de finalul antrenamentului, iar sufletul meu, deşi încântat de experienţa de acolo, începea să se bucure ca un copil în anticiparea revederii grădinilor minunate. Mi se părea că premiul cel mai drag pentru acest demers destul de anevoios de a mă adapta la viaţa fără hrană fizică – în afară de beneficiile spirituale imense – este ieşirea la lumină într-un astfel de colţ de Rai. Era ca şi cum Dumnezeu/Universul îmi pregăteau maximul de desfătări şi în planul fizic, după ce timp de zece zile mă desfătasem călătorind în alte planuri. Mă bucuram deja de plimbările pring grădină, în interior, dar abia aşteptam să îmi duc afară şi corpul fizic...

De altfel, cel mai mult în cele zece zile mi-a lipsit Soarele! Călătoream subtil şi ma cuibaream în el, sau mă opream la distanţă admirându-l şi hrănindu-mă cu poftă din lumina luxuriantă, abundentă, îmbătătoare. O simţeam cum îmi umple fiinţa, cum mă luminează în interior până la punctul în care simţeam că strălucesc asemeni Lui, că sunt una cu El. Corpul atunci îmi devenea usor şi foarte radiant, îl simţeam puterninc, fremătând de strălucire, de bogăţie şi de forţă. Simţeam că am o putere imensă, iubitoare, în fiecare celulă şi că mustesc de lumină! Era ca şi cum aş fi venit pentru o vreme pe Pamânt de acolo, iar acum mă întorceam la starea iniţială... O stare fascinantă! Cu greu îmi venea să revin din asemenea călătorii, căci pe ele le simţeam a fi adevărata mea natură, iar exixtenţa de aici – un rol temporar în care doar parţial ămi aminteam plenitudinea a ceea ce sunt.

Maestra însă, simţindu-ne gândurile, ne amintea cu drag despre posibilitatea Paradisului pe Pământ şi despre cei ce suntem aici pentru a participa la crearea lui, căci îl cunoaştem atât de bine. Ne vorbea cu încredere despre nelimitarea şi abundenţa nesfârşită a acestei planete, în care straturi după straturi sunt dispuse mai multe planuri ale existenţei, dimensiuni paralele ce pot fi accesate prin modificarea stării interioare. Ne atrăgea atenţia că acum dimensiunile „superioare" pot deveni o realitate aici pe Pământ şi că ţine de noi să contruim şi să menţinem această realitate, până ce ea va înlocui oricare alte realităţi create în trecut şi care nu ne mai sunt de folos nici nouă, nici planetei. Vizualizam împreună aceste straturi fiind dezvăluite şi posibilitatea unei vieţi pline de beatitudine şi lumină pe această planetă devenea din ce în ce mai credibilă.

Căci un loc cu o vibraţie atât de lină încât comunicarea non-verbală (telepatică) să devină un mod natural şi nu o excepţie, în care, astfel, sinceritatea şi deschiderea să fie modurile naturale de relaţionare, în care fiinţele să convieţuiască cu un profund respect unele faţă de altele şi cu o armonioasă convieţuire între specii şi regnuri, un loc în care resursele să fie gestionate armonios şi accesate de toţi în egală măsură, cu o abundenţă naturală şi schimburi armonioase între toţi, un loc al cărui climă să fie mereu perfectă, în care vegetaţia luxuriantă să uimească mereu ochiul şi inima, cu peisaje şi parfumuri idilice, în care gustul fructelor să ne umple de sevă şi lumină – dacă alegem să le consumăm – toate acestea şi multe altele deveneau posibile în faţa ochilor mei, pe măsură ce noi straturi/ dimensiuni ale acestei planete mi se dezvăluiau în faţa ochilor. Sulfetul meu se bucura şi simţea plin de fervoare că această posibilitate este tot mai aproaope şi că forţa intenţiei şi a acţiunilor noastre armonioase de fiecare zi o aduc treptat în prezent.

Simţeam atunci bucuria de a mă afla pe Pământ în decursul acestei mari transformări, simţeam că stabilizarea în dimensiunea idilică pe care o vizitam din timp în timp depide de fermitatea deciziei noastre de a rămâne în stare de armonie interioară, de claritate mentală, de deschidere sufletească şi înntr-un mod de relaţionare perfect armonios între noi şi cu toate formele de viaţă. Căci numai dintr-o zonă de intenţie care să genereze permanent armonie poate fi atrasă această stare pe Pământ...

Capitolul 12

GRAŢIA

De-a lungul vieţii am fost educată că, pentru a primi ceea ce-ţi doreşti, este imperios necesar SĂ FACI ceva: să ai rezultate bune într-un anumit domeniu, să te comporţi într-un anume mod, să răspunzi anumitor cerinţe, să te perfecţionezi permanent etc. Nimeni nu mi-a spus, până la vârsta de 30 de ani, că pentru a primi ce-ţi doreşti, dacă ceea ce-ţi doreşti este pentru binele tău, este suficient SĂ FII. Când am auzit pentru prima oară asta, în Darkroom Retreat, am rămas descumpănită, uşor nesigură, căci nu înţelegeam conceptul: cum adică, doar SĂ FII? Adică să te opreşti din a mai acţiona, să nu mai întreprinzi nimic? Sau ce poate însemna?

Acolo am avut, pentru prima oară, ocazia să experimentez acest concept: întrucât eram într-un spaţiu în întuneric complet, unde discuţiile erau permise doar la nivel de şoaptă şi de obicei erau de evitat pentru a nu-i deranja pe cei ce meditau, opţiunile de A FACE erau foarte limitate, orientându-ne mai mult spre tărâmurile interioare decât spre exterior. În mod firesc, aş fi încercat, în acest caz, să excelez în meditaţie, să aprofundez tehnicile pe care acasă nu apucam să le fac sau să dezvolt altele noi despre care auzisem sau învățasem. Cu toate acestea, câmpul blând, matern, în care ne aflam cu toții, îmbia la relaxare și la a te lăsa, feminin, în voia sufletului care alegea singur cum să călătorească în fiecare zi. Era ca și cum nu mai impuneam eu ritmul (trezire, meditație, exerciții, meditație, pauză, tehnici de respirație, masaj, dans, maditație etc.), ci sufletul, singur, alegea activitatea cea mai potrivită fiecărui moment, punându-mă în mișcare în momentele oportune și menținându-mă în relaxare în alte situații. Eu nu aveam nicio decizie de luat, în mod conștient, ci trebuia doar să mă supun, fără a opune rezistență, mișcărilor care porneau din interior, din centrul ființei mele.

Senzația este minunată, imprimă o relaxare totală și o liniște și pace deplină, starea că totul este în armonie și că tot ce se întâmplă este așa cum trebuie. Zilele treceau într-o curgere minunată, mă simțeam permanent ca un copil în pântecele mamei, cu senzația clară că totul îmi este dăruit necondiționat, doar pentru că... SUNT. Orice întrebare își primea răspunsul imediat, orice rugăminte era îndeplinită cu o rapiditate cu care nu mai fusesem obișnuită în această viață, dar care, totuși, îmi părea a fi ritmul firesc al lucrurilor. Ceea ce ceream se indeplinea în mod miraculos și magic, căci erau cerințele sufletului meu, pe care în sfârșit îl ascultam!

Simțeam clar acolo că suntem cu toții copiii Marii Mame, care ne poate dărui orice oricând atâta vreme cât cerințele vin din suflet. În acel teritoriu, aflându-ne aproape permanent în stare Theta, nicio convingere a subconștientului nu mai bloca manifestarea, instantanee aproape, a dorințelor sufletului meu. Dar şi cerinţele aveau acum altă structură: diafană, eterată, vizând permanent tendinţă de armonizare cu totul, şi nu doar beneficiul personal. Simţeam să solicit aspecte care să desăvârşească modul meu de a mă manifesta pe Pământ, care să îmi aducă mai multă bucurie pentru a răspândi o stare mai bună în jur şi nu doar pentru binele meu personal. Am devenit conştientă că aspetele care ne aduc bucurie (şi nu sunt în detrimentul nostru sau al celorlalţi) sunt pe deplin MERITATE, căci e firesc să ne bucurăm de frumuseţile şi bogăţiile acestui pământ câtă vreme acest lucru se realizează în armonie cu toate formele de viaţă. Din această perspectivă, totul este permis şi dăruit nelimitat, căci Mama care ne creează şi ne hrăneşte se bucură de bucuria noastră!

A fost pentru prima oară când, pentru o perioadă de câteva zile bune, m-am aflat permanent într-o baie de Graţie constantă, pe care o simţeam revarsându-se şi armonizând toate aspectele vieţii mele, cu bucurie şi uşurinţă, dar şi cu blândeţe maternă, cu tandreţe nespusă, cu mângâiere în aşezarea fiecărui strat de armonie, ca şi cum cineva mi-ar fi reaşezat corpurile cu delicateţea cu care aşezi faldurile unei rochii de mătase fină. Mă simţeam preţuită, răsplătită, desăvârşită, îngrijită, iubită...

Pentru ce?

Pentru că... SUNT!

Capitolul 13

IEŞIREA LA LUMINĂ

Ultima zi se apropia vertiginos. Doar o noapte ne mai despărţea de ieşirea la lumina zilei şi eram, într-un fel, nerăbdători să revedem minunile de afară. Deşi totul a fost minunat iar călătoriile din timpul training-ului m-au fascinat, simţeam că totuşi a venit timpul să mă reîntorc în jocul din exterior, pentru o vreme, să gust din miresmele şi bucuriile planului fizic. Maestra ne explica despre modul cum ne vom adapta, treptat, la lumina şi imaginile de afară. Ne-a explicat şi am experimentat faptul că, pe parcursul şederii în întuneric, creierul începe să crească producţia de melatonină, facilitând astfel stările modificate de conştiinţă pe care le experimentasem, dar, pe de alta parte, în absenţa luminii fizice, ochiul îşi modifică şi el structura, readaptându-se, odihnindu-se, astfel că va fi necesară o perioadă de acomodare, odată ieşiţi la lumină.

Mi-a venit atunci ideea că, deoarece corpul fizic nu percepe diferenţa dintre o acţiune mentalizată în concentrare perfectă şi una efectuată, pot să vizualizez mai des soarele astfel încât ochii mei să se „obişnuiască" cu lumina sa înainte de a ieşi afară. Am propus asta colegilor mei şi Maestra a fost imediat de acord. Ultimele momente păreau stranii, eram recunoscătoare pentru toate experienţele de acolo, aş mai fi rămas, dar o parte din mine simţea clar că totul este perfect integrat şi că momentul plecării este foarte potrivit ales.

Astfel, a venit ultima zi... Jasmuheen pregătise pentru noi o sesiune frumoasă de muzică şi dans, o sărbătorire şi încununare a experienţelor minunate pe care le-am împărtăşit împreună. Muzica veselă- mai alertă decât sesiunile de melodii diafane care ne-au mângâiat corpul emoţional în ficare după-amiază- ne punea acum în mişcare şi ne readapta la ritmul mai alert din exterior. Corpurile işi reaminteau, în dans, mişcările mai impulsive după ce, timp de zece zile întregi, plutiseră în şoaptă prin sălile întunecoase. Energia interioară îşi reamintea alte mişcări, mai alerte, mai pline de viaţă, iar sângele începea să pompeze un alt ritm în corpul meu.

Mă restructuram, după perioada de linişte şi plutire, reveneam pe Pământ într-un mod frumos şi diafan şi plin de veselie. Simţeam în colegii mei bucuria sărbătoririi unei iniţieri încheiate cu succes, pentru unii plină de încercări, pentru alţii odihnitoare şi îmbucurătoare, dar – pentru toţi – un pas major în evoluţie şi recalibrarea câmpurilor energetice. Era ca şi cum – aveam să constat mai târziu – lumina cursese prin noi reaşezând toate straturile fiinţei şi reţesând biocâmpurile noastre pe tiparul perfecţiunii divine ce avea acum să se aşeze strat după strat pe măsură ce reveneam în manifestare. O mare recunoştinţă îmi umplea sufletul, deşi atunci abia intuiam vag valoarea şi măreţia acestei experienţe care a fost – aveam să constat mai târziu – o mare şansă de a-mi salva şi îmbunătăţi viaţa. Nu sunt cuvinte care să exprime recunoştinţa pe care o am pentru Maeştrii mei pentru darul de a-mi fi oferit această experienţă şi pentru grija şi susţinerea pe parcursul ei. Căci la finalul celor zece zile mi s-a dăruit o noua viaţă, plină de fericire, sănătate şi iubire, o noua şansă să creez şi să experimentez Paradisul pe Pământ!

La finalul dansului plin de bucurie, ne-au fost aduşi ochelari de soare pentru a putea ieşi în siguranţă, fără ca ochii să fie prea puternic impactaţi de lumină. Am ieşit, timizi dar bucuroşi, adaptându-ne cu modul ciudat în care vedeam lucrurile : pentru mine cea mai bună descriere ar fi o conexiune cu amintirile din planul astral: toată materia vibra şi se revela în culori pline de viaţă. Plantele şi florile fremătau sub privirea mea în culori de o intensitate strălucitoare, puteam vedea lumina izvorând din spatele culorii, din interiorul lor! Vedeam cu ochii mei.

Viaţa din spatele materiei, lumina din celulele plantelor! Aerul era încărcat de particule aurii vibrante, ca şi cum soarele îşi revărsa aurul lichefiat peste tot în jurul meu... Eram fascinată! Aveam, din cauza permanentei vibraţii a tot ceea ce vedeam, sentimentul concret de imaterialitate: puteam VEDEA cum totul este energie vibratorie, de densitate diferită: copacii puţin mai denşi decât plantele, plantele puţin mai dense decât aerul, aerul puţin mai dens decât sufletele noastre... O bucurie imensă îmi curgea în suflet: bucuria de a VEDEA.

Parcă şi oamenii străluceau: vedeam lumină izvorând prin pielea lor: era firesc, cu asta ne hrănisem timp de zece zile. Pluteau diafan, îngereşte, unii spre alţii, îmbrăţişându-se şi zâmbind fericiţi. Zâmbetele păreau că plutesc curgând între ei ca valuri de lumină. Lumea părea total diferită de cum o lăsasem. De fapt, eu eram diferită: structura mea interioară se modificase iar realitatea pe care o percepeam nu făcea decât să se... reveleze; aşa cum fusese dintotdeauna. Mai târziu, spre seară, Maestra mi-a punctat acest aspect, picurând un zâmbet cald, matern, în inima mea: „Nu-i aşa că e bine SĂ VEZI cu adevărat oamenii?". Mă observase privind entuziasmată un grup de oameni care se îndreptau spre noi, fascinată de lumina pe care o vedeam în inimile lor: îi vedeam pe toţi îngeri! Le vedeam lumina sufletului strălucind în ochi, prin inimi, prin piele; vedeam că plutesc – nu merg – şi că totul în ei este iubire, căci din Iubire am venit...

Astfel s-a încheiat călătoria mea în Camera Obscură, cu multă, multă lumină la final şi mult timp după aceea. De fapt, totul apoi a fost un drum de menţinere şi amplificare a acelei lumini care, odată văzută, nu mai poate fi dată uitării. Maestra a mai rămas cu noi încă două zile, o prezenţă fascinantă ce oferea în continuare daruri mirifice şi răspunsuri revelatorii îndelung căutate pe perioada trainingului sau poate chiar cu ani în urmă. La final, ne-a invitat într-o vizită prin piaţa din Chang Mai, pentru a gusta specificul zonei şi a ne familiariza cu localnicii şi produsele lor tradiţionale .

A fost dificilă ieşirea din micul paradis al grădinii în care eram cazaţi – cu un câmp energetic atât de armonios încât ne simţeam permanent mângâiaţi şi susţinuţi – în spaţiile aglomerate, mai dense, ale pieţelor tradiţionale, unde preparatele specifice se amestecau cu tot soiul de alte miresme locale... Dar crearea unui câmp de susținere – care să ne mențină în armonie și să ne hrănească în orice mediu ne-am afla – era o parte a training-ului nostru, iar acesta, se pare, era testul final...

Pentru mine, mersul prin piață a fost floare la ureche, comparativ cu un alt test, pe care nu îl anticipasem: căci după primele momente de impact energetic puțin șocant, am început să țes energia bucuriei și a jocului care să mă susțină în plimbarea mea. Partea dificilă a fost plecarea ei, căci copilul din mine, atât de răsfățat și ajutat de această prezență magnifică, se simțea acum abandonat din nou în jocul lumii... O senzație stranie pe care nu o mai resimțisem până atunci față de o altă persoană, și pe care am identificat-o ca venind din alte timpuri și alte vremuri, o suferință a unei despărțiri mai vechi pe care nu am putut încă să o decodific...

M-am repliat imediat, mergând către Sursa Iubirii ce se află în toți și în toate, conștientă că Ea animă toate ființele, prin toate jocurile vieților. Am încercat să „scutur" din suflet acel sentiment, al despărțirii, al separării, simțind că, în realitate, suntem permanent inerconectați prin firele aceleiași iubiri care ne dă tuturor Viață și că, în esență, SEPARAREA NU EXISTĂ...

PREZENTARE AUTOARE

Cristiana Dragomir s-a dedicat menirii de terapeut în dezvoltare spirituală şi armonizare energetică: după experimentarea învăţăturilor legate de urmărirea succesului în plan social, în cariere de conducere, s-a simţit chemată spre armonizarea laturii spirituale a fiinţei, orientându-se spre activităţi de autocunoaştere: meditaţii, iniţieri, cursuri în domeniul spiritual şi terapeutic şi spre o profesie în care să fructifice experienţa acumulată, împărtăşind-o celor care au nevoie.

Motto: „Transformarea vieţii vine din integrarea în plan social a laturii noastre spirituale, a alegerilor sufletu-lui nostru.''

Ea aplică terapia holistică şi armonizarea energetică în urmatorele arii ale vieţii:
- Relaţii de cuplu – vindecare traume afective
- Relaţia cu copiii – gestionarea conflictelor/dizabilitatilor
- Relaţii de familie
- Armonizarea nutriţiei/dietei
- Carieră – alegerea profesiei potrivite
- Relaţia cu sine
- Spiritualitate

De asemenea, împărtășeşte experiețele proprii sau informațiile primate prin channeling, în workshop-uri sau conferințe spirituale și de dezvoltare personală: http://eurynome999.blogspot.ro/search/label/Conferinte%20si%20workshop-uri

Experiențe:
– practicant Theta Healing
– practicant Tao Curativ
– practicant Yoga stretching
– practicant terapie cu lumină și sunet
– practicant alimentatie pranică
– practicant dans terapeutic
– practicant terapie cu îngeri
– peste zece ani de lucru cu oamenii în profesii ca:
  • Terapeut dezvoltare spirituală și armonizare energetică
  • Creator și voluntar al programului de informare a copiilor: „Energie în armonie" – desfăşurat în școlile gălăţene
  • Manager general al companiei proprii de organizări de conferințe și workshop-uri
  • Manager de vânzări și marketing în domeniul organizării de evenimente
  • Reprezentant de vânzari Ferrero Rocher
  • Tehnician de reclamă KRAFT FOODS ROMANIA

Articole și emisiuni:
  • http://www. tvrplus. ro//editie-tableta-de-sanatate-165885#.UrGNiM79KEw. blogger

55

- http://sufletulfemeii. ro/inteligenta-intuitiva-a-inimii/
http://
- http://sufletulfemeii. ro/rolul-inimii-in-luarea-deci-ziilor/

Învățături:
– Facultatea de Jurnalism și Stiintele Comunicarii
– Cursuri Theta Healing – Nivel avansat: „Theta Healing ne ajuta sa inlaturam gandurile și sentimentele care provo-aca boala in corp, precum și convingerile care ne pot bloca exprimarea dorintelor adevaratei noastre esente.
– Initiere terapeutica – Retragere in camera obscura cu alimentatie pranica cu Jasmuheen (Thailanda): Armoniza-rea campului energetic personal și a celor inconjuratoare; tehnici de armonizare și vindecare energetica, cu prana
– Sesiuni Tao Curativ - Thailanda (cu Jutta S. Kellen-berger)
– Cursuri online Tao curativ cu Mantak Chia:
  – Transformarea emotiilor negative in emotii pozi-tive
  – Sunetele vindecatoare taosite
  – Constientizarea Orbitei microcosmice
  – Curs de armonizare a energiei vitale și masaj ar-monizator - Canalizarea in organism a energiei vitale pentru vindecarea diverselor afectiuni
  – Workshop-uri de alimentatie și vindecare pranica
  – Utilizarea pranei(chi) in hranirea corpului fizic și vindecarea diverselor afectiuni fizice sau non-fizice

– Workshopuri de terapie cu lumina şi sunet: Vindecarea afectiunilor fizice, emotionale, mentale şi afective prin canalizarea de fascicule de lumina

– Curs consilier de dezvotare personala acreditat CNFPA şi Ministerul Muncii: Aplicarea in cadrul legal adecvat a cunostintelor şi aptitudinilor de consiliere în dezvoltarea spirituală

Blog: eurynome999. blogspot. ro

Youtube: http://www. youtube. com/channel/UCXn-BGplVRFVnopql5-Rfy0g

Facebook: Cristiana Dragomir Consilier dezvoltare personala

https://www. facebook. com/CristianaDragomirConsilierdezvoltarepersonala